BEI GRIN MACHT SICH IHR WISSEN BEZAHLT

AF135524

- Wir veröffentlichen Ihre Hausarbeit, Bachelor- und Masterarbeit

- Ihr eigenes eBook und Buch - weltweit in allen wichtigen Shops

- Verdienen Sie an jedem Verkauf

Jetzt bei www.GRIN.com hochladen und kostenlos publizieren

Bibliografische Information der Deutschen Nationalbibliothek:

Die Deutsche Bibliothek verzeichnet diese Publikation in der Deutschen National-bibliografie; detaillierte bibliografische Daten sind im Internet über http://dnb.d-nb.de/ abrufbar.

Impressum:

Copyright © 2019 GRIN Verlag
Druck und Bindung: Books on Demand GmbH, Norderstedt Germany
ISBN: 9783346117083

Dieses Buch bei GRIN:

https://www.grin.com/document/513859

Luis Marques

SAP ERP. Bestellprozess und Umlagerung beim Warehouse Management

GRIN Verlag

GRIN - Your knowledge has value

Der GRIN Verlag publiziert seit 1998 wissenschaftliche Arbeiten von Studenten, Hochschullehrern und anderen Akademikern als eBook und gedrucktes Buch. Die Verlagswebsite www.grin.com ist die ideale Plattform zur Veröffentlichung von Hausarbeiten, Abschlussarbeiten, wissenschaftlichen Aufsätzen, Dissertationen und Fachbüchern.

Besuchen Sie uns im Internet:

http://www.grin.com/

http://www.facebook.com/grincom

http://www.twitter.com/grin_com

Hochschule

für Oekonomie & Management

Standort Stuttgart

Berufsbegleitender Studiengang:
Bachelor of Science Wirtschaftsinformatik

6. Semester

Seminararbeit in dem Modul ERP-Systeme

SAP ERP -

Warehouse Management

(Bestellprozess & Umlagerung)

Autor: Luis Marques

Abgabedatum: 26.08.2019

Inhaltsverzeichnis

Inhaltsverzeichnis II

Abkürzungsverzeichnis IV

Abbildungsverzeichnis V

1 Einleitung 1

   1.1 Problemstellung 1

   1.2 Zielsetzung 1

   1.3 Vorgehensweise 1

2 Logistik 2

   2.1 Bedeutung und Stellenwert 2

   2.2 Definitionen 3

   2.3 Systeme und Prozesse 4

3 Beschaffung 5

   3.1 Beschaffungsprozess 5

   3.2 Einkauf & Bestellprozess 6

   3.3 Beschaffungslogistik 6

4 Lager 7

   4.1 Arten 7

   4.2 Prozesse 8

   4.3 Verwaltung / Organisation 9

      4.3.1 Lagerstruktur 9

      4.3.2 Bestand 9

      4.3.3 Umlagerung 10

5 Logistische IT-Systeme 11

   5.1 Enterprise Resource Planning (ERP) 11

   5.2 Supplier Relationship Management (SRM) 12

   5.3 Transport Management System (TMS) 12

   5.4 Warehouse Management Systeme (WMS) 12

6 SAP ERP Warehouse Management 13

   6.1 ERP / SAP 13

   6.2 Bestellung 14

   6.3 Umlagerung 16

6.3.1   Lagerinterne Umlagerungen 16

6.3.2   Umlagerung zwischen Lagerorten 17

6.3.3   Umlagerungsbestellung 18

7   Schlussbetrachtung 21

Abkürzungsverzeichnis

BANF .... *Bestellanforderung*

BVL .... *Bundesvereinigung Logistik*

ERP .... *Enterprise Resource Planning*

FiFo .... *First in, First out*

IuK ....*Informations- und Kommunikationstechnologien*

LiFo .... *Last in, First out*

SRM .... *Supplier Relationship Management*

TMS .... *Transportmanagement System*

TUL .... *Transport, Umschlag, Lagerung*

WMS .... *Warehouse Management System*

V

Abbildungsverzeichnis

Abbildung 1: *Logistische Subsysteme*..4

Abbildung 2: *Beschaffungsprozess*...5

Abbildung 3: *Lagerhausprozesse*...8

1 Einleitung

1.1 Problemstellung

Der Internethandel (engl.: E-Commerce) hat sich in den letzten Jahren rasant entwickelt. Konsumenten nutzen die Möglichkeit, online einzukaufen sowohl aus Bequemlichkeit, um Zeit zu sparen, als auch um Produktpreise und -qualität über verschiedene E-Commerce Anbieter hinweg zu betrachten. Der Onlinehandel bietet den Verbrauchern zudem Zugang zu einer stetig wachsenden Produktvielfalt samt Individualisierungsmöglichkeiten anhand der persönlichen Präferenzen.[1] In diesem Zusammenhang erwarten Konsumenten zugleich eine vollständige Transparenz hinsichtlich Verfügbarkeit, Lieferzeit und Bestellstatus.[2] Für Hersteller und Händler stellt dies eine Herausforderung, insbesondere an deren Logistik- und Lagersysteme, dar.[3] Zur Realisierung der vorherrschenden Kundenwünsche ist die Effizienz in der Lagerverwaltung (engl.: Warehouse Management) entscheidend.[4]

1.2 Zielsetzung

Ziel dieser Seminararbeit ist, die gegenwertige Bedeutung der Logistik in Unternehmen darzustellen. Insbesondere soll dabei auf die zentralen Abläufe der Teilbereiche Beschaffung und Lagerwesen eingegangen werden. Darauf aufbauend soll mit dieser Arbeit, am Beispiel des SAP ERP-Systems, ein möglicher softwaregestützter Bestellprozess als auch Umlagerungsprozess abgebildet werden.

1.3 Vorgehensweise

Kapitel zwei beschäftigt sich zunächst mit dem Themengebiet der Logistik im Allgemeinen. Kapitel drei soll einen theoretischen Überblick zu den Abläufen in der Beschaffung geben. Arten und Aufgaben von mehreren Lagerorten werden im Kapitel vier erörtert. Anschließend werden Software-Systeme insbesondere logistische IT-Anwendungen beschrieben. Kapitel sechs soll im ERP der SAP entsprechende Arbeitsschritte darlegen, mit denen ein Bestell- sowie Umlagerungsvorgang durchgeführt werden kann.

---

[1] Vgl. *Fend, L./Hofmann, J.*, Digitalisierung in Industrie-, Handels- und Dienstleistungsunternehmen, 2018, S. 33
[2] Vgl. *Göbl, M./Froschmayer, A.*, Logistik als Erfolgspotenzial - The power of logistics, 2019, S. 60
[3] Vgl. *Hompel, M. ten/Schmidt, T./Dregger, J.*, Materialflusssysteme, 2018, S. 51
[4] Vgl. *Lange, J. u. a.*, Warehouse Management mit SAP EWM, 2013, S. 47

2 Logistik

2.1 Bedeutung und Stellenwert

In den 1970er Jahren bestand die Logistik hauptsächlich aus Transport, Umschlags- und Lagerungsvorgängen, abgekürzt auch TUL-Aktivitäten, genannt.[5] Durch den Abbau von Zöllen und Importquoten und den entstandenen Freihandelszonen begann ab den 1990er Jahren ein intensiver Globalisierungsprozess. Infolge dessen ergaben sich vernetzte Wertschöpfungsketten von der Beschaffung über Produktion bis hin zur Distribution von Handelsgütern über den gesamten Erdball. Heutzutage ist es für Unternehmen üblich, Güter weltweit zu beziehen, deren Waren in anderen oder mehreren Ländern zu produzieren und diese auch interkontinental zu vermarkten. Das führte unter anderem dazu, dass die Planung und Durchführung der TUL-Aktivitäten, insbesondere mit den gestiegenen Transportdistanzen, Umschlagshäufigkeiten und Lagerungsvorgängen, zunehmend komplexer wurden.[6] Gegenwärtig wird durch die Erwartungshaltung der Konsumenten, selbst individuell angefertigte bzw. personalisierte Produkte möglichst zeitnah zu erhalten, die Komplexität der Vorgänge in hohem Maße erhöht.[7] Der anhaltende Trend zu immer kürzeren Produkt- und Technologielebenszyklen erfordert zusätzlich eine fortwährende Flexibilität der logistischen Partnerschaften, unter anderem hinsichtlich des Bezugs von Roh- oder Zwischenerzeugnissen.[8] Mit diesen Entwicklungen wird die Bedeutung der Logistik unternehmensübergreifend verdeutlicht.[9] Neben der Beschaffung, Produktion, dem Marketing und Vertrieb gehört die Logistik zu den elementaren Unternehmensaktivitäten[10] und bei der Sicherstellung von Wettbewerbsvorteilen zugleich ausschlaggebend.[11]

---

[5] Vgl. *Göbl, M./Froschmayer, A.*, Logistik als Erfolgspotenzial - The power of logistics, 2019, S. 42
[6] Vgl. *Tripp, C.*, Distributions- und Handelslogistik, 2019, S. 16
[7] Vgl. *Tripp, C.*, Distributions- und Handelslogistik, 2019, S. 25
[8] Vgl. *Tripp, C.*, Distributions- und Handelslogistik, 2019, S. 26
[9] Vgl. *Göbl, M./Froschmayer, A.*, Logistik als Erfolgspotenzial - The power of logistics, 2019, S. 42
[10] Vgl. *Göbl, M./Froschmayer, A.*, Logistik als Erfolgspotenzial - The power of logistics, 2019, S. 52
[11] Vgl. *Göbl, M./Froschmayer, A.*, Logistik als Erfolgspotenzial - The power of logistics, 2019, S. 44

2.2 Definitionen

Es gibt eine Vielzahl von Definitionen des Begriffs „Logistik".[12] Eine grundlegende Definition wurde im Jahr 2011 von einer Arbeitsgruppe innerhalb der Bundesvereinigung Logistik (BVL) e.V. entwickelt, welche in der Wissenschaft, Forschung, Lehre und Praxis gleichermaßen anerkannt wird.[13] Darin heißt es wörtlich: „Logistik ist die ganzheitliche Planung, Steuerung, Koordination, Durchführung und Kontrolle aller unternehmensinternen und unternehmens-übergreifenden Informations- und Güterflüsse."[14] Die Steuerung einzelner Transport- oder Lagerprozesse ist grundlegend in den Industriebetrieben. Wesentlich an dieser Definition ist die ganzheitliche Betrachtung aller Logistikprozesse[15] über die gesamte Wertschöpfungskette (engl.: Value Chain).[16]

Unter einer Wertschöpfungskette werden unternehmerische Aktivitäten verstanden, mit deren Ausführung ein Mehrwert entsteht. Wertschöpfungstätigkeiten lassen sich in primäre und unterstützende Vorgänge unterteilen. Unterstützende Aktivitäten ermöglichen zunächst die Ausführung primärer Handlungen oder wirken begleitend mit. Als primäre Tätigkeiten werden unter anderem Bearbeitungs-, Wandlungs- oder Dienstleistungsvorgänge an physischen Gütern verstanden.[17]

In der Wirtschaft entstehen Güter durch qualitative Veränderungen. Hierbei wird zwischen der Güterbereitstellung und deren Verwendung unterschieden. Als Bereitstellung gelten Produktionsprozesse beispielsweise zur Materialgewinnung oder -verarbeitung. Deren anschließende Verwendung in Gebrauchs- bzw. Verbrauchsprozessen stellt ebenfalls eine qualitative Veränderung dar. Zwischen der Bereitstellung und der Güterverwendung findet eine raumzeitliche Gütertransformation statt, welche als Güterverteilung bezeichnet wird.[18]

Die Funktionen der Logistik lassen sich am jeweiligen Abschnitt des Güterflusses unterscheiden.[19]

---

[12] Vgl. *Pfohl, H.-C.*, Logistiksysteme, 2018, S. 12
[13] Vgl. *Tripp, C.*, Distributions- und Handelslogistik, 2019, S. 34
[14] *Muchna, C. u. a.*, Grundlagen der Logistik, 2018, S. 12
[15] Vgl. *Tempelmeier, H.*, Begriff der Logistik, logistische Systeme und Prozesse, 2018, S. 2
[16] Vgl. *van Weele, A. J./Eßig, M.*, Strategische Beschaffung, 2017, S. 16
[17] Vgl. *van Weele, A. J./Eßig, M.*, Strategische Beschaffung, 2017, S. 16
[18] Vgl. *Pfohl, H.-C.*, Logistiksysteme, 2018, S. 3
[19] Vgl. *Pfohl, H.-C.*, Logistiksysteme, 2018, S. 16

2.3 Systeme und Prozesse

Abstrakt lässt sich aus der Perspektive eines Industrieunternehmens ein Logistiksystem wie in Abbildung 1 als Kette darstellen, deren Glieder jeweilige Güterflussabschnitte repräsentieren.[20]

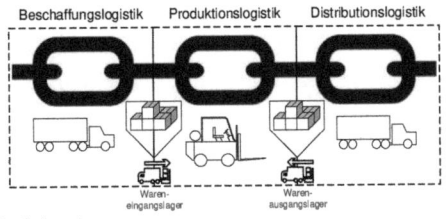

Abbildung 1: *Logistische Subsysteme*
Quelle: In Anlehnung an Tempelmeier, H., 2018, S. 4

Die Abschnitte werden als logistische Subsysteme bezeichnet. Externe Warenflüsse, beispielsweise von einem Zulieferer, zum Wareneingangslager werden durch die Beschaffungslogistik definiert. Produktionslogistik umfasst alle Vorgänge, die zwischen dem Wareneingangslager und Endproduktelager stattfinden. Der Abschnitt, in dem Endprodukte zur Überführung an die Abnehmer verarbeitet werden, stellt die Distributionslogistik dar. In der Praxis sind logistische Systeme weit komplexer und haben eine netzwerkähnliche Struktur.[21] Das gesamte Netzwerk ist von Transport-, Umschlags-, Lager- und Informationsprozessen geprägt.[22] Der Transportprozess dient hauptsächlich der Beförderung von Gütern. Er umfasst deren Planung, Steuerung und Durchführung,[23] sowohl von außerbetrieblichen als auch innerbetrieblichen Transporten. Als innerbetrieblich gelten beispielsweise Güterüberführungen zwischen unternehmenseigenen Wareneingangs-, Warenausgangsläger und Produktionsstellen. Die einzelnen Transportabschnitte werden mithilfe von Umschlagsprozessen miteinander verbunden. Diese umfassen sowohl Einlagerungs- und Auslagerungsvorgänge als auch die Beladung- und Entladung von Transportmitteln.[24] Auf die Lagerung und deren Prozesse wird in Kapitel 4 näher eingegangen. Die beschriebenen TUL-Prozesse sind auch innerhalb der einzelnen Subsysteme relevant, insbesondere in der Beschaffungslogistik.[25]

---

[20] Vgl. *Tempelmeier, H.*, Begriff der Logistik, logistische Systeme und Prozesse, 2018, S. 3
[21] Vgl. *Tempelmeier, H.*, Begriff der Logistik, logistische Systeme und Prozesse, 2018, S. 4
[22] Vgl. *Muchna, C. u. a.*, Grundlagen der Logistik, 2018, S. 120
[23] Vgl. *Muchna, C. u. a.*, Grundlagen der Logistik, 2018, S. 80
[24] Vgl. *Tempelmeier, H.*, Begriff der Logistik, logistische Systeme und Prozesse, 2018, S. 7
[25] Vgl. *Lorenzen, K. D./Krokowski, W.*, Einkauf, 2018, S. 153

3 Beschaffung

Beschaffung unterteilt sich in die Teilbereiche Einkauf und Beschaffungslogistik.[26]

3.1 Beschaffungsprozess

Aufgabe der Beschaffung ist es, physische Waren wie Roh-, Hilfs- und Betriebsstoffe und Gebrauchs- und Verbrauchsgüter [27] bedarfsgerecht sowie wirtschaftlich zu organisieren.[28] Der Beschaffungsprozess lässt sich in verschiedene Tätigkeitsfelder unterteilen, welche jeweils miteinander verknüpft sind.[29]

Abbildung 2: *Beschaffungsprozess*
Quelle: In Anlehnung an van Weele, A. J./Eßig, M., 2017, S. 50

Abbildung 2 stellt einen möglichen Beschaffungsprozess dar, der aus sechs Abschnitten besteht. Begonnen wird mit der Auftragsspezifikation, in der zunächst die technischen Merkmale und Eigenschaften der zu beschaffenden Gegenstände spezifiziert werden. Darauf aufbauend lassen sich auch grundsätzliche, insbesondere qualitative, logistische, rechtliche, umweltpolitische und budgetbezogene, Aspekte definieren. Zur Gestaltung der Spezifikationen ist es möglich, auf Wissen von Lieferanten zurückzugreifen.[30] Infolge der erhobenen Informationen lassen sich Angebote von qualifizierten Anbietern einholen. Die Lieferantenauswahl gehört zu den bedeutsamsten Schritten innerhalb des Beschaffungsprozess.[31] Nach einer Entscheidung sollte der zu beschaffende Gegenstand wirtschaftliche und rechtliche Rahmenbedingungen wie Preise und Lieferbedingungen in Form eines Vertrages festgehalten werden.[32]

Die letzten drei Abschnitte des Beschaffungsvorgangs bilden gemeinschaftlich den Bestellprozess,[33] auf den im folgenden Abschnitt eingegangen wird.

---

[26] Vgl. *Lorenzen, K. D./Krokowski, W.*, Einkauf, 2018, S. 153
[27] Vgl. *van Weele, A. J./Eßig, M.*, Strategische Beschaffung, 2017, S. 17
[28] Vgl. *Becker, J./Winkelmann, A.*, Handelscontrolling, 2019, S. 151
[29] Vgl. *van Weele, A. J./Eßig, M.*, Strategische Beschaffung, 2017, S. 50
[30] Vgl. *van Weele, A. J./Eßig, M.*, Strategische Beschaffung, 2017, S. 56 f.
[31] Vgl. *van Weele, A. J./Eßig, M.*, Strategische Beschaffung, 2017, S. 58
[32] Vgl. *van Weele, A. J./Eßig, M.*, Strategische Beschaffung, 2017, S. 60
[33] Vgl. *van Weele, A. J./Eßig, M.*, Strategische Beschaffung, 2017, S. 23

6

3.2 Einkauf & Bestellprozess

Einkauf und Beschaffung werden oft synonym verwendet, jedoch stellt der Einkauf den operativen Teilbereich innerhalb der Beschaffung dar.[34] Ausgelöst wird der Bestellprozess vom Einkauf durch die Erteilung einer Bestellung.[35] Diese kann auf Basis von zuvor vereinbarten Vertragskonditionen erfolgen. Ein solcher Vertrag stellt jedoch keine grundsätzliche Voraussetzung dar, um eine Bestellung aufzugeben.[36] Durch die Bestellung wird ein Lieferant beauftragt, eine bestimmte Anzahl von Gütern in einem vorgeschriebenen Zustand zu einem definierten Zeitpunkt an einem festgelegten Ort bereitzustellen. Aufträge lassen sich in der Regel durch eine unternehmensinterne Materialanforderung bzw. Bestellanforderung erzeugen. Im IT-Umfeld, insbesondere in SAP, werden diese Anforderungen abgekürzt als BANF bezeichnet.[37] Im darauf folgenden Abschnitt Auftragsabwicklung werden die ausgelösten Aufträge anschließend überwacht. Dies dient unter anderem dazu, eine termingerechte Ausführung der Warenbeschaffung sicherzustellen.[38] Logistik wird grundsätzlich von Informationsflüssen begleitet.[39] Die Auftragsabwicklung koordiniert den Informationsaustausch, welcher vorab, während als auch nach einem Güterfluss stattfindet. Der gesamte Bestellprozess wird dadurch plan-, steuer- und kontrollierbar.[40] Zur Organisation der internen Logistik werden ebenfalls Bestellprozesse angewendet, um Informationsflüsse beispielsweise zwischen der Produktions- und Beschaffungslogistik sicherzustellen.[41]

3.3 Beschaffungslogistik

Die Beschaffungslogistik ist als Teilbereich der Beschaffung für den Materialfluss vom Lieferanten bis zum Bedarfsträger mit dem Fokus auf die TUL-Prozesse verantwortlich.[42] Darunter fällt auch die Optimierung der Abläufe, die zwischen Auftragserteilung und Zahlungsabwicklung stattfinden.[43] Zu den operativen Tätigkeiten der Beschaffungslogistik gehören unter anderem die Annahme eintreffender Waren sowie deren Kontrolle, Umschlag, Transport und Lagerung.[44]

[34] Vgl. *van Weele, A. J./Eßig, M.*, Strategische Beschaffung, 2017, S. 23
[35] Vgl. *Becker, J./Winkelmann, A.*, Handelscontrolling, 2019, S. 151
[36] Vgl. *van Weele, A. J./Eßig, M.*, Strategische Beschaffung, 2017, S. 23
[37] Vgl. *van Weele, A. J./Eßig, M.*, Strategische Beschaffung, 2017, S. 67
[38] Vgl. *Tempelmeier, H.*, Begriff der Logistik, logistische Systeme und Prozesse, 2018, S. 8
[39] Vgl. *Pfohl, H.-C.*, Logistiksysteme, 2018, S. 75
[40] Vgl. *Pfohl, H.-C.*, Logistiksysteme, 2018, S. 77
[41] Vgl. *Pfohl, H.-C.*, Logistiksysteme, 2018, S. 75
[42] Vgl. *Lorenzen, K. D./Krokowski, W.*, Einkauf, 2018, S. 153
[43] Vgl. *van Weele, A. J./Eßig, M.*, Strategische Beschaffung, 2017, S. 100
[44] Vgl. *van Weele, A. J./Eßig, M.*, Strategische Beschaffung, 2017, S. 16

4 Lager

Ein Raum oder eine Fläche, die zur Aufbewahrung von Rohstoffen, Zwischen- oder Fertigerzeugnisse dient, wird als Lager bezeichnet.[45] Aus logistischer Sicht ist die Zwischenlagerung von Waren ein geplanter und sogar essentieller Prozessabschnitt. In der Praxis gibt es eine Vielzahl von Gründen, die zur Notwendigkeit einer Lagerung führen. Ein Beispiel hierzu ist der Betrieb kostenintensiver Produktionsanlagen, die aus betriebswirtschaftlichen Gründen ununterbrochen ausgelastet sein sollten. Dazu muss sichergestellt sein, dass eine kontinuierliche Materialversorgung auch bei eventuellen Lieferengpässen gewährleistet ist. Eine Bevorratung kann ebenfalls auch dann sinnvoll sein, wenn sich daraus mengenbezogene Preisvorteile erzielen bzw. Wertschwankungsrisiken eingrenzen lassen. Aus der Lagerhaltung resultierende Kosten, die sich aus Flächen-, Verwaltungs-, Personal- und Betriebsmittelbedarf zusammensetzen, sind dabei jedoch zu berücksichtigen, da eingelagertes Material eine Kapitalbindung für das Unternehmen darstellt.[46]

4.1 Arten

Prinzipiell wird zwischen drei Lagerhausarten unterschieden, den Vorrats-, Umschlags- und Verteilungslagern. Je nach Funktion und Anforderungen ergeben sich in der Praxis auch Mischformen. Produktionsbetriebe setzen meist Vorratsläger ein, um Güter für die Verarbeitung vorzuhalten und deren Fertigerzeugnisse zu lagern. Funktional eignet sich ein Vorratslager sowohl als Beschaffungs-, Produktions- bzw. Distributionslager. Logistikunternehmen arbeiten dagegen meist mit Umschlagslägern, welche auch als Transitterminals bezeichnet werden. Diese dienen als kurzfristige Zwischenlagerung, um Waren auf andere Transportmittel umzulegen.[47] Verteilungsläger werden eingesetzt, um Gebilde von Gütereinheiten zu verändern. Waren aus verschiedenen Lieferungen werden dort zunächst gesammelt, um diese beispielsweise gebündelt an den Verwendungsort weiterzuleiten.[48] Unabhängig von der Lagerfunktion sind die maßgebenden Verfahren, mit denen Lagerobjekte gehandhabt werden, identisch.[49]

---

[45] Vgl. *Hompel, M.* ten/*Schmidt, T.*/*Dregger, J.*, Materialflusssysteme, 2018, S. 51
[46] Vgl. *Hompel, M.* ten/*Schmidt, T.*/*Dregger, J.*, Materialflusssysteme, 2018, S. 53
[47] Vgl. *Pfohl, H.-C.*, Logistiksysteme, 2018, S. 127 f.
[48] Vgl. *Muchna, C.* u. a., Grundlagen der Logistik, 2018, S. 87
[49] Vgl. *Hompel, M.* ten/*Schmidt, T.*/*Dregger, J.*, Materialflusssysteme, 2018, S. 55

4.2 Prozesse

Einlagerungs-, Aufbewahrungs- und Auslagerungsvorgänge stellen die wesentlichen Prozesse innerhalb eines Lagerhauses dar. Kommissionierungstätigkeiten erfolgen hingegen optional.[50]

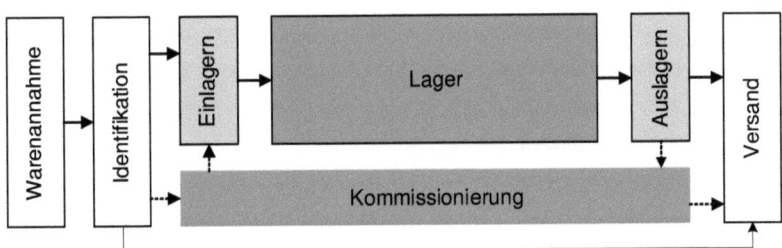

Abbildung 3: *Lagerhausprozesse*
Quelle: In Anlehnung an Hompel, M. ten/Schmidt, T./Dregger, J., 2018, S. 55

Abbildung 3 stellt die grundsätzlichen Lagerhausprozesse in Form eines gerichteten Ablaufdiagramm beginnend mit der Warenannahme dar. Angelieferte Güter werden in dem initialen Schritt auf deren Unversehrtheit als auch anhand von Lieferscheinen bzw. Bestellinformationen auf Korrektheit und Vollständigkeit geprüft. Im anschließenden Identifikationsabschnitt wird die weiterführende Handhabung, was mit den angelieferten Waren stattfinden soll, ermittelt. Je nach Bestimmung werden die Gegenstände entweder direkt an den Versand weitergeleitet bzw. an die Kommissionierung übergeben oder an den Einlagerungsvorgang überführt.[51] Im Prozess der Einlagerung werden die Objekte auf Ladehilfsmittel umgeladen und auf eine optimale Lagerung vorbereitet.[52] Dem gegenüber wird mit einem Auftrag, der sowohl von extern wie etwa einem Kundenauftrag als auch innerbetrieblich ausgelöst werden kann, der Auslagerungsvorgang eingeleitet. Eingelagerte Güter werden mit diesem Prozess an den Versand oder ggf. an die Kommissionierung überführt. Der abschließende Versandabschnitt stellt die Waren zur Abholung bzw. deren Transport bereit.[53] Als Versand gilt auch der innerbetriebliche Transport innerhalb des Lagerhauses.[54] Zu den Aufbewahrungsvorgängen gehören Prozesse zur Bestandsverwaltung, Umlagerung, Umbuchung und Inventur.[55]

---

[50] Vgl. *Hompel, M.* ten/*Schmidt, T./Dregger, J.*, Materialflusssysteme, 2018, S. 51
[51] Vgl. *Hompel, M.* ten/*Schmidt, T./Dregger, J.*, Materialflusssysteme, 2018, S. 55
[52] Vgl. *Pfohl, H.-C.*, Logistiksysteme, 2018, S. 133
[53] Vgl. *Hompel, M.* ten/*Schmidt, T./Dregger, J.*, Materialflusssysteme, 2018, S. 55
[54] Vgl. *Pfohl, H.-C.*, Logistiksysteme, 2018, S. 134
[55] Vgl. *Becker, J./Winkelmann, A.*, Handelscontrolling, 2019, S. 295

4.3 Verwaltung / Organisation

Zentrale Aufgabe eines Lagers ist die Verwaltung der eingelagerten Objekte.[56]

4.3.1 Lagerstruktur

Durch die Unterteilung des Lagers in verschiedene Lagerbereiche und Lagerplätze lassen sich Lagerstrukturen einfach verwalten und pflegen. Die Lagerstruktur setzt sich aus Lagerbereichen mit Haus, Gang und Ebene zusammen. Lagerplätze lassen sich hierdurch eindeutig identifizieren. Gelagerte Ware lässt sich anschließend einfach auffinden. Bei dem Aufbau einer Lagerorganisation und einer Lagerstruktur muss darauf geachtet werden, dass die Lagerprozesse effizient und wirtschaftlich arbeiten können. Für die Kommissionierung werden daher in der Regel die Lagerplätze rechts mit geraden Nummern versehen und links mit ungeraden. Bei der Lagerung von gleichen Artikeln in unterschiedlichen Größen wird darauf geachtet, dass diese nicht direkt nebeneinander gelagert werden, um Verwechslungen auszuschließen. Lagerbereiche und Lagerplätze bilden zusammen sie Lagerstammdaten. Diese Daten bilden die Grundlage für die Zuordnung von Artikeln zu Lagerplätzen und deren Lagerbereichen. Verschiedene Lagerbereiche sind Frische-, Tiefkühl-, Wert- oder Trockenlager. Mit zusätzlichen Daten, welche in den Lagerstammdaten gepflegt sind, wie z.B. Größen und Volumenangaben, lassen sich die Einlagerung, Kommissionierung und Auslagerung effizient gestalten. Die Auslastung der Lagerplätze lässt sich hierdurch optimieren. Das Controlling hat durch die gepflegten Lagerstammdaten auch die Möglichkeiten, Lagerauswertungen und Analysen bereitzustellen.[57]

4.3.2 Bestand

Die Anzahl der gelagerten Artikel bilden den Bestand. Am Bestand können verschiedene Attribute gekoppelt sein, welche die Lagersteuerung beeinflussen. Besonders kritisch sind hierbei die Statusinformationen hinsichtlich dem Alter und das Mindesthaltbarkeitsdatum. Zu jedem Bestand lassen sich bestimmte Kosten ermitteln. Diese sind abhängig vom Warenwert, Zinsen sowie die Systemkosten für Lagerüberprüfung, Disposition und Einlagerung. Zur Reduzierung der Kosten für den Bestand gehört die Lagerumschlagshäufigkeit. Eine hohe Lagerumschlagshäufigkeit führt zu einer geringeren Lagerdauer und somit zu niedrigeren Lagerkosten. [58]

---

[56] Vgl. *Becker, J./Winkelmann, A.*, Handelscontrolling, 2019, S. 295
[57] Vgl. *Becker, J./Winkelmann, A.*, Handelscontrolling, 2019, S. 297
[58] Vgl. *Becker, J./Winkelmann, A.*, Handelscontrolling, 2019, S. 298

Die Bedeutung des Lagerumschlags ist dann relevant, wenn es um die Risikobetrachtung von Nachfrageschwankungen geht. Deshalb wurden hierzu weitere Kennzahlen eingeführt, um die Zeit zwischen Lieferantenzahlung und Abverkauf an den Kunden zu messen. Das Ziel der Lagerhaltung ist die Minimierung des gebundenen Kapitals durch kleinere Lagerbestände und geringe Lagerdauer. Dies ist jedoch branchenspezifisch und abhängig von den Waren, die ein Unternehmen benötigt. Daher ist es wichtig, für bestimmte Artikel und Warengruppen individuelle Höchst- und Meldebestände zu definieren. Bei der Bewertung des Lagerwerts und der Bestandswerte gibt es verschiedene Möglichkeiten. Standardmäßig werden Lagerbestände zum Einstandspreis bzw. Herstellerpreis bewertet. Bei nicht schwankenden Einstands- und Herstellerpreisen können auch feste Werte verwendet werden. Jedoch wird im Normalfall der Bestandswert aus den Werten des Alt- und Neubestandes ermittelt. Eine weitere Bewertungsmethode ist LiFo (Last in, First out), dabei wird wertmäßig die zuletzt eingelagerte Menge aus dem Lager entnommen. Bei FiFo (First in, First out), erfolgt wertmäßig die Entnahme der zuerst eingelagerte Waren.[59]

4.3.3 Umlagerung

Waren müssen zwischen unterschiedlichen Lagerorten verlagert werden. Sei es zwischen den Lagerorten innerhalb des Betriebes als auch zu Filialen. Innerbetrieblich wird der Vorgang als Transportauftrag bezeichnet. Allgemein wird bei der Verlagerung von Waren von einer Umlagerung gesprochen. Bei einer Umlagerung zwischen Betrieben, bei denen eine entsprechende Buchung im Rechnungswesen stattfindet, wird als Verkauf bezeichnet. Liegt der Verrechnungspreis beim Verkauf über dem Einkaufspreis, so handelt es sich um einen erfolgswirksamen Vorgang.[60] Umbuchungen stellen rein wertmäßige Vorgänge dar, die zur Korrektur des Bestandswertes führen. Meistens finden diese dann statt, wenn die Ware länger im Lager verbleibt als ursprünglich vorgesehen.[61]

---

[59] Vgl. *Becker, J./Winkelmann, A.*, Handelscontrolling, 2019, S. 298 - 303.
[60] Vgl. *Becker, J./Winkelmann, A.*, Handelscontrolling, 2019, S. 304
[61] Vgl. *Becker, J./Winkelmann, A.*, Handelscontrolling, 2019, S. 304

5 Logistische IT-Systeme

Sämtliche logistische Transaktionen setzen vorauseilende, begleitende und nachlaufende Informationsflüsse voraus. In diesem Zusammenhang wird von der Informationslogistik gesprochen. Darunter sind jene Prozesse zu verstehen, welche die Verfügbarkeit relevanter Daten im jeweils benötigten Format am richtigen Ort und zur richtigen Zeit gewährleisten.[62] Hierzu werden Informations- und Kommunikationstechnologien (IuK) eingesetzt, um die Geschäftsprozesse durchzuführen.[63] In der Logistik werden konsequent IT-Systeme eingesetzt.[64] Diese „[…] umfassen die Gesamtheit aller technischen und organisatorischen Komponenten sowie deren Beziehungen untereinander, welche für einen effizienten Ablauf der Informationsverwaltung im Logistik- und Supply Chain Management notwendig sind."[65] Im Bereich der Logistik & Lagerverwaltung gibt es auf der funktionalen Ebene unterschiedliche Typen von Software-, Zusatz- Erweiterungs- als auch Applikationslösungen.[66] Softwaresysteme, die Informationsflüsse über verschiedene Unternehmensbereiche hinweg ermöglichen, beispielsweise vom Einkauf über die Produktion bis hin zum Personal- und Finanzwesen, werden als Enterprise-Resource-Planning (ERP) Systeme bezeichnet.[67]

5.1 Enterprise Resource Planning (ERP)

ERP-Systeme bestehen aus unterschiedlichsten Anwendungen, mit denen sich Unternehmensressourcen planen und verwalten lassen.[68] Die jeweiligen Programme sind modular aufgebaut und greifen gemeinsam auf eine zentrale Datenbank zu, wodurch sich nahezu alle betriebswirtschaftlichen Prozesse abteilungsübergreifend abbilden lassen. Bezogen auf die Aufgaben in der Logistik kommen mehrere Module zum Einsatz. Darunter Anwendungen zum Supplier Relationship Management (SRM) im Bereich der Beschaffungsprozesse,[69] Transportmanagement System (TMS) zur Planung und Steuerung der Transportprozesse sowie das als Warehouse

---

[62] Vgl. *Groß, C./Pfennig, R.*, Digitalisierung in Industrie, Handel und Logistik, 2019, S. 124
[63] Vgl. *Groß, C./Pfennig, R.*, Digitalisierung in Industrie, Handel und Logistik, 2019, S. 123
[64] Vgl. *Daum, A./Greife, W./Przywara, R.*, BWL für Ingenieurstudium und -praxis, 2018, S. 233
[65] *Haas, A.*, Intelligence Systeme im Logistik- und Supply Chain Management, 2017, S. 60
[66] Vgl. *Groß, C./Pfennig, R.*, Digitalisierung in Industrie, Handel und Logistik, 2019, S. 298
[67] Vgl. *Kollmann, T.*, E-Business, 2019, S. 152
[68] Vgl. *Bracht, U./Geckler, D./Wenzel, S.*, Digitale Fabrik, 2018, S. 197
[69] Vgl. *Kollmann, T.*, Handbuch Digitale Wirtschaft, 2019, S. 3

Management System (WMS) bezeichnete Modul zur Unterstützung von Lagerprozessen.[70]

5.2 Supplier Relationship Management (SRM)

Im Hinblick auf die Digitalisierung, die sich über die gesamte Wertschöpfungskette (engl.: Supply Chain) vollzieht, ist die Integration von Geschäftspartnern inkl. deren Systeme wesentlich für den Beschaffungsprozess.[71] Zur Beschaffung erforderliche Stammdaten, vereinbarte Rahmenverträge sowie Bewertungsinformationen zu den Lieferanten lassen sich in einem SRM abbilden.[72] Darüber hinaus können SRM-Module auch das Ausschreibungs- und Katalogmanagement unterstützen.[73]

5.3 Transport Management System (TMS)

Transportmanagement beinhaltet die Steuerung, Kontrolle und Optimierung von Transportprozessen über die gesamte Lieferkette. Zu den Grundfunktionalitäten eines TMS gehören die Planung, Durchführung, Abrechnung und Kontrolle transportbezogener Tätigkeiten. Dazu zählen Vorgänge wie das Erstellen von Transportkostenangebote, die Erfassung, Verwaltung und Disposition von Aufträgen.[74]

5.4 Warehouse Management Systeme (WMS)

Im Bereich der Lagerverwaltung werden WMS-Module eingesetzt. Anforderungen an ein Software-System zur Lagerungssteuerung sind vielfältig unter anderem durch die unterschiedlichsten Lagertypen, - plätze und Standorte. WM-Anwendungen gehen jedoch über eine reine Lagerverwaltung, wie beispielsweise der Bestandverwaltung oder die Koordination von Ein- und Auslagerungsvorgängen, hinaus.[75]

---

[70] Vgl. *Hartel, D. H.*, Projektmanagement in Logistik und Supply Chain Management, 2019, S. 30
[71] Vgl. *Groß, C./Pfennig, R.*, Digitalisierung in Industrie, Handel und Logistik, 2019, S. 164
[72] Vgl. *Becker, J./Winkelmann, A.*, Handelscontrolling, 2019, S. 151
[73] Vgl. *Heß, G./Laschinger, M.*, Strategische Transformation im Einkauf, 2019, S. 124 f.
[74] Vgl. *Groß, C./Pfennig, R.*, Digitalisierung in Industrie, Handel und Logistik, 2019, S. 135
[75] Vgl. *Groß, C./Pfennig, R.*, Digitalisierung in Industrie, Handel und Logistik, 2019, S. 160 f.

6 SAP ERP Warehouse Management

Das mySAP ERP – WMS umfasst folgende logistikspezifische Funktionalitäten:[76]

6.1 ERP / SAP

Das ERP System der Firma SAP stellt eine komplette Plattform für unternehmensinterne und unternehmensübergreifende Funktionsbereiche und Prozesse bereit. Viele Teile der Software gehen über die Grundfunktionen von ERP Systemen hinaus. Die vielfältige Produktlandschaft lässt sich in drei vertikale Bereiche aufteilen. Auf der unteren Ebene befinden sich die technischen Bestandteile. In der mittleren Ebene sind die betriebswirtschaftlichen Komponenten eingeordnet. Es gibt vordefinierte Systeme für kleinere Unternehmen. Auf der oberen Ebene sind die Industrielösungen zu finden. Darunter sind individuelle Sonderlösungen und branchenspezifische Software gemein. Das SAP System bietet Lösungen für zahlreiche Branchen und ist für diese vorbereitet. [77]

Im SAP gibt es vier Möglichkeiten, das System nach den Anforderungen der eigenen Prozesse zu gestalten. Hierzu zählt das Customizing. Hierdurch lassen sich die unternehmensneutralen Funktionen an die eigenen Bedürfnisse anpassen. Die Parameter und Variablen können nach Belieben und abhängig von der gewünschten Funktionalität geändert werden. Hierdurch werden keine Programmcodes verändert. Es werden lediglich die Funktionen geändert, damit erhalten diese eine weitere oder andere Funktionalität. Eine weitere Möglichkeit ist die Erweiterung im SAP-Standard. Diese ermöglichen dem Kunden, bestimmte Codestellen auf die eigenen Anforderungen anzupassen. Dadurch wird es möglich, ohne die Änderung einer gesamten Funktion nur einen Teil davon zu spezifizieren. Die eigene Logik der Prozesse lässt sich so an diese Stellen, in das System mit einbinden. Zusätzlich ist es möglich, bestimmte Funktionen zu aktivieren bzw. zu deaktivieren. Diese Zusatzfunktionen können über eine Liste im System ausgewählt und konfiguriert werden. Die dritte Möglichkeit ist die Modifikation des SAP-Standards. Hierunter ist das Verändern und Anpassen von implementierten Funktionen und Datenobjekten gemein. Dieses Vorgehen sollte jedoch vermieden werden, da es ein umfangreiches Wissen über die Datenarchitektur und der Systemtabellen voraussetzt. Ein zweiter Nachteil ist, dass diese Anpassungen bei einem Release Wechsel überschrieben werden und zu unvorhersehbaren Auswirkungen führen können. Die letzte

---

[76] *Koch, S.*, Einführung in das Management von Geschäftsprozessen, 2015, S. 274
[77] Vgl. Maassen, A., Grundkurs SAP R/3, 2006, S. 5 - 6

Möglichkeit der Modifikation ist die Eigenentwicklung von Funktionen und ganzen Software Komponenten. Dazu werden umfangreiche Eingriffe in das Datenmodell vorgenommen. Es werden neue Funktionen implementiert und eigene neue Tabellen hinzugefügt.[78]

6.2 Bestellung

Eine Bestellung wird erstellt, um bestimmte Waren oder Dienstleistungen zu bestimmten Bedingungen von einem Lieferanten bereitgestellt zu bekommen. Eine Bestellung besteht aus einem Lieferanten, der bestellten Ware, einer Menge, dem entsprechenden Preis pro Stück, einem Liefertermin und den Lieferkonditionen sowie den Zahlungsbedingungen. Die Bestellung wird entweder aufgrund einer Bestellanforderung oder direkt von einem Einkäufer erzeugt. Bei der Erzeugung durch eine Bestellanforderung werden die Bestelldaten aus der Bestellanforderung übernommen. Anschließend kann die Menge der Ware noch angepasst werden. Die Änderungen an der Bestellung lassen sich im System jederzeit nachvollziehen. Bei Änderungen von Terminen und Mengen sollte immer der zuständige Disponent informiert werden.[79]

Im SAP besteht die Bestellung aus einem Kopf- und einem Positionsteil. Im Kopfteil werden alle Informationen zu einer Bestellung abgelegt. Es enthält den Belegschlüssel, Lieferanten, Lieferbedingungen und die Zahlungsbedingungen. Mit der Bestellart wird definiert, ob es sich um eine Normalbestellung oder eine Umlagerungsbestellung handelt. Darüber hinaus wird der Einkäufer und seine dazugehörige Organisationsstruktur im Bestellkopf hinterlegt. Hieraus ergeben sich die Buchungskreise für die Verbuchung der Bestellung und der dazu gestellten Rechnung.[80]

Im Positionsteil werden die Informationen der einzelnen Positionen gepflegt. Es enthält das Material, welches geordert wird. Die dazugehörige Menge und Konditionen sowie die Zuordnung der Ziellagerstrukturen. Für jede Position wird ein Kontierungstyp angegeben. Dieser enthält zusätzliche Informationen wie Kostenstellen oder Kundenauftrag. Bei den einzelnen Positionen werden darüber hinaus noch verschiedene Positionstypen festgelegt. Diese steuern, für welche Art

---

[78] Vgl. Maassen, A., Grundkurs SAP R/3, 2006, S. 10 – 12
[79] Vgl. Maassen, A., Grundkurs SAP R/3, 2006, S. 183 – 184
[80] Vgl. Maassen, A., Grundkurs SAP R/3, 2006, S. 185

von Material die Position gedacht ist und welche zusätzlichen Informationen angegeben werden müssen. [81]

Zusätzlich zu dem bestellten Material ist es zwingend erforderlich zu wissen, woher die Ware beschafft werden soll. Hierzu muss der Lieferant in der Bezugsquelle angegeben werden. Bei der automatischen Bestellerzeugung aufgrund von Bestellanforderungen werden diverse Quellen und Stammdaten durchsucht, um den korrekten Lieferanten zu ermitteln. Ggf. werden bestimmte Anforderungen auch gesplittet und in mehrere Bestellungen geteilt. Abhängig von den gefundenen Daten wird eine Lieferantenauswahl für die Beschaffung des Materials angezeigt. Die dazugehörigen Lieferantenstammdaten werden anschließend in die Bestellung mit übernommen. Diese lassen sich für die Bestellung noch individuell anpassen. [82]

Bei einer manuellen Bestellung kann der Lieferant für eine Bestellung auch individuell ausgewählt werden. Das SAP bietet zwei Wege für die Erzeugung einer Bestellung. Einmal der Lieferant ist bekannt. Es werden verschiedene Materialen bei einem bekannten Lieferanten bestellt. Falls der Lieferant jedoch unbekannt ist, so werden aus der Bestellanforderung mehrere Bestellungen für unterschiedliche Lieferanten erzeugt. [83]

Die Bestellung dient abschließend als Grundlage für die Folgeprozesse in der Logistik (Wareneingang) und Buchhaltung (Rechnungsprüfung). Bestellungen können einem zusätzlichen Freigabelauf unterliegen, bevor diese an den Lieferanten verschickt werden. Änderungen an teilweise freigegebenen Bestellungen können den Freigabestatus wieder zurücksetzen.[84]

Im System ist es möglich bestimmte Positionen zu sperren. Hierfür dürfen noch kein Waren- und Rechnungseingang erfolgt sein. Für die gesperrten Positionen kann kein Wareneingang erfolgen. Darüber hinaus lassen sich Positionen stornieren, wenn hierzu keine Lieferung mehr erfolgen soll. [85]

Als weitere Funktion in der Bestellerzeugung gibt es die Ermittlung des Nettopreises. Diese Funktion kann durch die Parametrisierung von verschiedenen Kalkulationsschemas konfiguriert werden. Es wird gesteuert, wie der Preis für die

---

[81] Vgl. Maassen, A., Grundkurs SAP R/3, 2006, S. 185
[82] Vgl. Maassen, A., Grundkurs SAP R/3, 2006, S. 186
[83] Vgl. Maassen, A., Grundkurs SAP R/3, 2006, S. 187
[84] Vgl. Maassen, A., Grundkurs SAP R/3, 2006, S. 187
[85] Vgl. Maassen, A., Grundkurs SAP R/3, 2006, S. 188

einzelnen Positionen berechnet werden soll. Das dazugehörige Schema wird im Lieferantenstamm gepflegt.[86]

6.3 Umlagerung

Eine Umlagerung ist das Abbild einer physischen Warenbewegung im ERP System. In diesem Fall wird die Umlagerung im ERP System SAP erläutert. Die Warenbewegungen erfolgen aufgrund der Unternehmensstruktur oder anderer Materialprozesse. Entweder innerhalb eines Standorts oder innerhalb mehrerer Standorte. Das SAP Warehouse Management unterstützt mehrstufige Umlagerungsverfahren für die Umlagerungsformen: Lagerinterne Umlagerung, Umlagerung Lagerort an Lagerort und Umlagerung Werk an Werk.[87]

Das Warehouse Management unterstützt abhängig von Organisations- und Unternehmensstrukturen unterschiedliche Prozesse der Umlagerung. Der Bestand wird innerhalb von Lagerplätzen verschoben. Die Lagernummer bleibt unverändert. Mit der Umlagerung Lagerort an Lagerort werden Warenbestände innerhalb verschiedener Lagerorte eines Werkes verschoben.[88]

6.3.1 Lagerinterne Umlagerungen

Lagerinterne Umlagerungen erfolgen innerhalb von verschiedenen Lagerplätzen. Hierbei können ganze Mengen oder Teilmengen, aber auch gesamte Lagerplatzmengen und Lagereinheitenmengen transferiert werden.[89]

Bei der Umlagerung von Lagerplätzen bleiben die Bestände und Teilbestände einem Lagerort zugeordnet. Der Gesamtbestand des Lagers wird hierdurch nicht verändert. Deshalb wird in diesem Umlagerungsprozess die Bestandsführung nicht miteinbezogen. Anwendung findet diese Umlagerung bei der Verschiebung der Bestände auf andere Lagerplätze innerhalb eines Lagers. Die Buchung kann innerhalb eines Lagertyps stattfinden, aber auch lagertypübergreifend.[90]

Der Prozess der Umlagerung erfolgt mit der Auswahl der Lagernummer, Lagertyp sowie der entsprechenden Materialnummer. Die Materialnummer ist für den Prozess nicht relevant, jedoch werden ohne eindeutige Materialnummer alle Bestände des ausgewählten Lagertyps einbezogen. Die Ansicht für die Erfassung der Umlagerung

[86] Vgl. Maassen, A., Grundkurs SAP R/3, 2006, S. 188 - 189
[87] Vgl. Käber, A., Warehouse Management mit SAP® ERP, 2014, S. 281
[88] Vgl. Käber, A., Warehouse Management mit SAP® ERP, 2014, S. 281
[89] Vgl. Käber, A., Warehouse Management mit SAP® ERP, 2014, S. 282
[90] Vgl. Käber, A., Warehouse Management mit SAP® ERP, 2014, S. 282

lässt sich umstellen, damit die Materialbestände auf Lagerplatzebene angezeigt werden. Der Prozess endet mit dem Erstellen eines Transportauftrags. [91]

Damit der Materialfluss korrekt abgewickelt werden kann, muss die Auslagerung aus dem ersten Lagerplatz, der physische Warenbestand und die abschließende Einlagerung erfolgen. [92]

6.3.2 Umlagerung zwischen Lagerorten

Die Umlagerung zwischen Lagerorten erfolgt innerhalb eines Werkes. Die Materialbestände eines Werkes werden an verschiedenen Lagerorten verwaltet. Zwischen diesen Lagerorten müssen Materialbewegungen möglich sein. Daher gibt es im SAP zwei Prozesse für die Umlagerung. Das Ein- und das Zwei-Schrittverfahren. In diesen Prozessen wird immer ein Folgeprozess für die Bestandsführung angestoßen.[93]

Die Umlagerung von Lagerort an Lagerort ist dann von Vorteil, wenn physische Lagerorte eines Werkes dicht zusammenliegen und unter einer Lagernummer verwaltet werden. Die Umlagerung dient nur der Abbildung der physischen Bestände. Es werden keine Zeiten berücksichtigt für die Überführung der Ware oder die Zwischenlagerung. Lagerorte dienen hauptsächlich für die Trennung der Materialbestände für die Bestandsführung. [94]

Diese Art der Umlagerung beginnt mit der Auswahl der Bewegungsart. Zuerst wird das Vorgehen der Einschrittumlagerung vorgestellt. Es werden Materialbestandsmengen innerhalb eines Werkes auf unterschiedliche Lagerorte bewegt. Die Waren werden nicht nur logisch, sondern auch physisch bewegt. Zuerst werden das abgegebene Werk und der dazugehörige Lagerort ausgewählt. Anschließend werden die Materialen ausgewählt sowie deren Stückzahl angegeben, welche umgelagert werden sollen. Anschließend werden die Ziellagerorte hinter den Materialnummern erfasst. [95]

In der Bestandsführung wird durch diese Umlagerung ein Materialbeleg erzeugt. Auf diesem ist angegeben, welche Materialen von wo entnommen und an welchem

---

[91] Vgl. *Käber, A.*, Warehouse Management mit SAP® ERP, 2014, S. 284
[92] Vgl. *Käber, A.*, Warehouse Management mit SAP® ERP, 2014, S. 285
[93] Vgl. *Käber, A.*, Warehouse Management mit SAP® ERP, 2014, S. 294
[94] Vgl. *Käber, A.*, Warehouse Management mit SAP® ERP, 2014, S. 294
[95] Vgl. *Lange, J.* u. a., Warehouse Management mit SAP EWM, 2013, S. 295

Lager die Waren eingelagert werden. In der Bestandsführung sind die Materialbestände sofort umgebucht.[96]

Durch die Umlagerung wird im Warehouse Management eine Umbuchungsanweisung erstellt. Anschließend erfolgt die Erstellung eines Umlagerungstransportauftrags mit einer Auslagerungs- und einer Einlagerungsposition. Die Buchung erfolgt im Warehouse Management über ein Zwischenlager. Zusätzlich kann für den Transportauftrag gesteuert werden, ob die Bestände auf einen neuen eingelagert werden. Die physische Umlagerung erfolgt über einen Übergabepunkt, welcher dem empfangenen Lagerort entspricht. Der Abschluss der Umlagerung erfolgt mit dem Buchen der Waren am Ziellagerplatz.[97]

Eine weitere Art Umlagerung von Lagerort an Lagerort ist möglich mit dem Zweischrittverfahren. Dieses Verfahren wird hauptsächlich verwendet, wenn zwischen den einzelnen Lagerorten eine tatsächlich reale Distanz besteht, allerdings keine Lieferunterlagen wie Lieferschein benötigt werden. Diese Variante der Umlagerung bietet sich zudem an, wenn zwischen Auslagerung und Vereinnahmung ein längerer Zeitraum liegt. Mit der abschließenden Vereinnahmung am Ziellagerort werden die Bestände im SAP als verfügbar gesetzt, d.h. die Ware ist physisch abschließend umgelagert worden.[98]

Das Zweischrittverfahren hat einen anderen Prozess wie das Einschrittverfahren. Zuerst wird die Umlagerung erfasst. Anschließend wird der dazugehörige Auslagerungstransportauftrag angelegt. Sobald dieser Auftrag bearbeitet wurde und die Waren entnommen sind, wird der Auftrag quittiert. Im nächsten Schritt wird die ausgelagerte Ware als Wareneingang verbucht. Danach wird ein dazugehöriger Einlagerungsauftrag angelegt. Nach erfolgreicher Einlagerung am neuen Lagerort wird dieser Auftrag quittiert. Damit ist die Umlagerung im Zweischrittverfahren abgeschlossen.[99]

6.3.3 Umlagerungsbestellung

Die Umlagerung über eine Umlagerungsbestellung ist eine weitere Möglichkeit der Materialverschiebung. Die Umlagerungsbestellung bietet im Vergleich zu der Einschritt- oder Zweischrittvariante weitere Vorteile. Mit dem Erzeugen einer Umlagerungsbestellung lassen sich die Funktionen der Auslieferung besser steuern.

[96] Vgl. *Lange, J.* u. a., Warehouse Management mit SAP EWM, 2013, S. 295
[97] Vgl. *Lange, J.* u. a., Warehouse Management mit SAP EWM, 2013, S. 295 - 296
[98] Vgl. *Lange, J.* u. a., Warehouse Management mit SAP EWM, 2013, S. 301- 302
[99] Vgl. *Lange, J.* u. a., Warehouse Management mit SAP EWM, 2013, S. 303

Es ist möglich, Lieferdokumente zu erzeugen und eine Terminierung festzulegen. Darüber hinaus lassen sich weitere Transportfunktionalitäten nutzen, wie z.B. die Frachtkostenermittlung und Transportbenachrichtigungen. Die im transportbefindlichen Waren, werden über ein Transitlager verwaltet. Am empfangenden Lagerort werden diese dann avisiert. Mit Hilfe der Dispositionsfunktionen lassen sich die Umlagerungsbestellungen auch automatisiert steuern.[100]

Der Umlagerungsprozess beginnt bei der Umlagerungsbestellung mit dem Erfassen der Bestellung durch den Einkauf. Dieser Schritt kann auch vom Lagerpersonal durchgeführt werden, wenn die entsprechenden Berechtigungen vorliegen. Bei der Erfassung der Bestellung sind Lieferwerk und empfangendes Werk gleich. Eine Bestellposition enthält immer Material, Menge, Liefertermine, das Start- und Ziellager.[101]

Durch die hinterlegten Parameter beim Ziellager bestimmt das System automatisch einen Warenempfänger und verwendet die korrekte Zuordnung aus dem Debitorenstamm. Die entsprechenden Versandbedingungen und Transportzonen sind dort hinterlegt.[102]

Für die erfolgreiche Abwicklung des Versandes vom Startlagerort muss die Versandstelle im Lieferbeleg gepflegt sein. Diese wird abhängig von den Parametern bei der Umlagerungsbestellung bestimmt. Zusätzlich können noch weitere Einstellungen getroffen werden, mit denen die Routenfindung für die Lieferung definiert wird.[103]

Nach der Erfassung der Umlagerungsbestellung kann im LES eine dazugehörige Bestellung mit der Lieferart NL erzeugt werden. Die Erstellung erfolgt automatisiert mit der Stapelverarbeitung. Abhängig von den erfassten Positionen der Bestellungen finden automatisierte Liefersplits statt.[104]

Nach den Prüfungen und der Verarbeitung der Bestellung wird ein Transportauftrag erstellt. Bis zu diesem Zeitpunkt sind die Bestände der Bestellung als reserviert gekennzeichnet. Die Erstellung des Transportauftrags erfolgt entweder automatisch oder manuell. Mit dem erstellten Transportauftrag wird die Kommissionierung der

---

[100] Vgl. *Lange, J.* u. a., Warehouse Management mit SAP EWM, 2013, S. 305
[101] Vgl. *Lange, J.* u. a., Warehouse Management mit SAP EWM, 2013, S. 307
[102] Vgl. *Lange, J.* u. a., Warehouse Management mit SAP EWM, 2013, S. 307
[103] Vgl. *Lange, J.* u. a., Warehouse Management mit SAP EWM, 2013, S. 307
[104] Vgl. *Lange, J.* u. a., Warehouse Management mit SAP EWM, 2013, S. 308

Waren angestoßen. Nach erfolgreicher Kommissionierung wird der Transportauftrag gebucht. Anschließend ist es möglich, die Transportdokumente wie Lieferschein und Warenausgangsdruck anzustoßen. Durch das Abschließen des Transportauftrags werden die Materialbestände auf das Transitlager gebucht. Nach physischem Erreichen der Waren am Ziellagerort wird zuerst der Bestand kontrolliert und anschließend die Wareneingangsbuchung betätigt. Nach der Vereinnahmung erfolgt die Erstellung des Einlagerungsauftrags. Abhängig von Lagertypsuchreihenfolge, Lagerbereichsfindung, Lagereinheitentyp und der Einlagerungsstrategie ermittelt das System die Einlagerungsplätze der einzelnen Positionen. Hintergrundprozesse erzeugen die Einlagerungsbelege oder die dazugehörigen Etiketten. Mit der abschließenden Buchung des Transportauftrages erfolgt die Fertigstellung des Einlagerungsauftrags. [105]

---

[105] Vgl. *Lange, J.* u. a., Warehouse Management mit SAP EWM, 2013, S. 308 - 310

7 Schlussbetrachtung

In der globalisierten Wirtschaft erhalten die Logistikprozesse und der Transport eine zentrale Rolle in der Wertschöpfungskette. Die Herstellung von Teilerzeugnissen, die Weiterverarbeitung und Endfertigung der Produkte findet an unterschiedlichen Standorten statt. Die weltweite Vermarktung dieser Güter benötigt ein funktionierendes globales Logistiknetz. Durch die geänderten Rahmenbedingungen wurden die Prozesse deutlich komplexer und können nicht mehr ohne weiteres im Überblick behalten werden. Daher gibt es spezielle Software, die diese Prozesse abbilden und unterstützen, wie die Beschaffungsmodule und Logistikmodule im SAP. Der steigende Wohlstand der Konsumenten und der daraus resultierende Drang an Individualität verlangt von den Produkten eine persönliche Variante. Produkte in unterschiedlichen Ausprägungen auf unterschiedlichen Märkten anzubieten, ist eine weitere Herausforderung der Logistik.

Die benötigten Logistikprozesse lassen sich als Kette betrachten. Diese Kette besteht aus drei Teilbereichen. Die Beschaffungslogistik, bildet die Grundlage wie Rohstoffe und Materialen an die Produktionsstandorte geliefert werden. Die Produktionslogistik befasst sich mit der internen Lagerverwaltung innerhalb der Werke. Der letzte Bestandteil bildet die Distributionslogistik. Ziel ist die Lieferung der Waren zum Endverbraucher bzw. zum Verkaufsstandort.

In dieser Arbeit wurde auf den Beschaffungsprozess eingegangen. Der Prozess bezeichnet die Beschaffung von physischen Roh-, Hilfs- und Betriebsstoffen. Diese Güter werden wirtschaftlich und bedarfsgerecht an die Organisationeinheiten geliefert.

Der Bestellprozess wird ausgelöst durch den Einkauf mit der Erteilung einer Bestellung an einen Lieferanten. In der Bestellung ist festgelegt, welche Anzahl an Waren und zu welchem Zeitpunkt diese Waren geliefert werden. Bestellungen können aus Bestellanforderungen erzeugt werden. Ziel des Bestellprozesses ist es, eine schnelle und effiziente Warenversorgung zu gewährleisten.

Ein weiterer Bestandteil der Logistik ist das Lager. In den verschiedenen Lägern, die auch in der Lagerverwaltung abgebildet werden, sind verschiedene Logistikprozesse hinterlegt. Es gibt verschiedene Zwischenlager, Umschlaglager und Vorratslager. All diese Lager sind miteinander verknüpft und bilden ein virtuelles oder auch physisches Lagernetzwerk. Mit verschiedenen Logistikfunktionen und Prozessen lassen sich die Warenbewegungen innerhalb der Lager überwachen und nachvollziehen.

Die Lager folgen einer Lagerstruktur. Diese ermöglicht das effiziente und strukturierte Ein- und Auslagern von Waren. Manche Lagerstrukturen sind auch nur virtuell und haben nichts mit dem tatsächlichen Lager zu tun. Ein Lager wird unterteilt in Lagerbereiche, Gang und Ebene. Jeder Lagerplatz ist eindeutig zu identifizieren. Grundlage hierfür ist der Bestand. Dieser gibt an, welche Mengen sich von welchem Material im Lager befinden. Der Bestand kann lagerübergreifend oder auf Lagerplatzebene betrachtet werden. Mit der Verwaltung von Mindest- und Sollbeständen können der Beschaffung zusätzliche Informationen für die Disposition der Waren geliefert werden.

Lagerbewegungen werden mit den Umlagerungsverfahren durchgeführt. Im SAP gibt es mehrere Möglichkeiten der Umlagerungen. Alle haben das Ziel, Warenbewegungen eindeutig nachzuvollziehen und die Lagerhaltung sowie Produktion und Auftragsabwicklung zu unterstützen. Die Umlagerungen lassen sich in interne und externe Umlagerungen einteilen. Interne Umlagerungen sind innerhalb eines Lagers. Externe Umlagerungen bezeichnen Lagerbewegungen, die an einen anderen Standort gehen.

Literaturverzeichnis

Becker, Jörg/Winkelmann, Axel (Handelscontrolling, 2019): Handelscontrolling: Optimale Informationsversorgung mit Kennzahlen, 4. Aufl. 2019, 2019

Bracht, Uwe/Geckler, Dieter/Wenzel, Sigrid (Digitale Fabrik, 2018): Digitale Fabrik: Methoden und Praxisbeispiele, 2., aktualisierte und erweiterte Auflage, Berlin: Springer Vieweg, 2018

Daum, Andreas/Greife, Wolfgang/Przywara, Rainer (BWL für Ingenieurstudium und -praxis, 2018): BWL für Ingenieurstudium und -praxis, 3., überarbeitete und erweiterte Auflage, Wiesbaden: Springer Vieweg, 2018

Fend, Lars/Hofmann, Jürgen (Hrsg.) (Digitalisierung in Industrie-, Handels- und Dienstleistungsunternehmen, 2018): Digitalisierung in Industrie-, Handels- und Dienstleistungsunternehmen: Konzepte - Lösungen - Beispiele, Wiesbaden: Springer Gabler, 2018

Göbl, Martin/Froschmayer, Andreas (Logistik als Erfolgspotenzial - The power of logistics, 2019): Logistik als Erfolgspotenzial - The power of logistics: Von der Strategie zum logistischen Businessplan - From strategy to logistics business plan - Deutsch-Englisch/German-English, 2., aktualisiert und überarb. Aufl. 2019, 2019

Groß, Christoph/Pfennig, Roland (Digitalisierung in Industrie, Handel und Logistik, 2019): Digitalisierung in Industrie, Handel und Logistik: Leitfaden von der Prozessanalyse bis zur Einsatzoptimierung, 2. Aufl. 2019, 2019

Haas, Alexander (Intelligence Systeme im Logistik- und Supply Chain Management, 2017): Intelligence Systeme im Logistik- und Supply Chain Management, Dissertation, HHL, Leipzig Graduate School of Management; Springer Fachmedien Wiesbaden GmbH, 2017

Hartel, Dirk H. (Projektmanagement in Logistik und Supply Chain Management, 2019): Projektmanagement in Logistik und Supply Chain Management: Praxisleitfaden mit Beispielen aus Industrie, Handel und Dienstleistung, 2., aktualisierte und erweiterte Auflage, 2019

Heß, Gerhard/Laschinger, Manfred (Strategische Transformation im Einkauf, 2019): Strategische Transformation im Einkauf: Fallstudie und Anleitung zur praktischen Umsetzung, 2019

Hompel, Michael ten/*Schmidt, Thorsten/Dregger, Johannes* (Materialflusssysteme, 2018): Materialflusssysteme: Förder- und Lagertechnik, 4. Auflage, Berlin: Springer Vieweg, 2018

Koch, Susanne (Einführung in das Management von Geschäftsprozessen, 2015): Einführung in das Management von Geschäftsprozessen: Six Sigma, Kaizen und TQM, 2. Aufl., Berlin: Springer Vieweg, 2015

Kollmann, Tobias (E-Business, 2019): E-Business: Grundlagen elektronischer Geschäftsprozesse in der Digitalen Wirtschaft, 7. Aufl. 2019, 2019

— (Handbuch Digitale Wirtschaft, 2019): Handbuch Digitale Wirtschaft, Living reference work, 2019

Lange, Jörg u. a. (Warehouse Management mit SAP EWM, 2013): Warehouse Management mit SAP EWM: [Ihr umfassendes Handbuch zu SAP Extended Warehouse Management ; Funktionen, Prozesse und Customizing von EWM verständlich erklärt ; inkl. der Neuerungen von SAP EWM 9.0: Behälterfördertechnik, TM-Integration, Pick-by-Voice, Verpackungsplanung u.v.m.], 2., aktualisierte und erw. Aufl., Bonn: Galileo Press, 2013

Lorenzen, Klaus Dieter/Krokowski, Wilfried (Einkauf, 2018): Einkauf, Wiesbaden: Springer Gabler, 2018

Maassen, Andrè u. a. (Grundkurs SAP R/3, 2006): Grundkurs SAP R/3, 4. überarbeitete und erweiterte Auflage, Vieweg, 2006

Muchna, Claus u. a. (Grundlagen der Logistik, 2018): Grundlagen der Logistik: Begriffe, Strukturen und Prozesse, Wiesbaden: Springer Gabler, 2018

Pfohl, Hans-Christian (Logistiksysteme, 2018): Logistiksysteme: Betriebswirtschaftliche Grundlagen, 9., neu bearbeitete und aktualisierte Auflage, Berlin: Springer Vieweg, 2018

Tempelmeier, Horst (Hrsg.) (Begriff der Logistik, logistische Systeme und Prozesse, 2018): Begriff der Logistik, logistische Systeme und Prozesse, Berlin: Springer Vieweg, 2018

Tripp, Christoph (Distributions- und Handelslogistik, 2019): Distributions- und Handelslogistik: Netzwerke und Strategien der Omnichannel-Distribution im Handel, 2019

van Weele, Arjan J./Eßig, Michael (Strategische Beschaffung, 2017): Strategische Beschaffung: Grundlagen, Planung und Umsetzung eines integrierten Supply Management, Wiesbaden: Springer Gabler, 2017